# elton john - one night only
## the greatest hits

# Goodbye Yellow Brick Road

### Words & Music by Elton John & Bernie Taupin

1. When are you gon-na come down, when are you goin' to land.—
*(Verse 2 see block lyric)*

I should have stayed— on the farm,— should have list-

Oh I've fin - 'ly de-cid - ed my fu-ture lies be-yond the yel-low brick road. Ah, ah.

*Verse 2:*
What do you think you'll do then
I bet they'll shoot down your plane
It'll take you a couple of vodka and tonics
To set you on your feet again
Maybe you'll get a replacement
There's plenty like me to be found
Mongrels who ain't got a penny
Singing for titbits like you
On the ground, ah, ah.

So goodbye yellow brick road *etc.*

# Philadelphia Freedom

### Words & Music by Elton John & Bernie Taupin

used to be a roll - ing stone,— you know,— if the cause— was right

*(Verse 2 see block lyric)*

—— I'd leave—— to find the an - swer on— the road.——

*Verse 2:*
If you choose to, you can live your life alone
Some people choose the city
Some others choose the good old family home
I like living easy without family ties
'Til the whippoorwill of freedom zapped me
Right between the eyes.

Cos I live and breathe *etc.*

# Don't Go Breaking My Heart

## Words & Music by Elton John & Bernie Taupin

13

*Verse 2:*

*(Boy)*    And nobody told us
*(Girl)*   Cos nobody showed us
*(Boy)*    And now it's up to us baby
*(Girl)*   Oh, I think we can make it
*(Boy)*    So don't misunderstand me
*(Girl)*   You put the light in my life
*(Boy)*    Oh you put the spark to the flame
*(Girl)*   I've got your heart in my sights.

*(Both)*  Ooh, ooh, nobody knows it *etc.*

# Rocket Man

**Words & Music by Elton John & Bernie Taupin**

1. She packed my bags last night pre-flight.
*(Verse 2 see block lyric)*

Ze-ro hour nine a. m. And I'm gon-na be high

as a kite by then.

And I think it's gon-na be a long,_ long time_ 'til touch-down brings_ me round a-gain to find

_ I'm not the man I think I am at home._ Oh,_ I'm a

rock-et man._ Rock-et man, I'm burn-ing out a fuse up here

**1.**

_ a - lone._

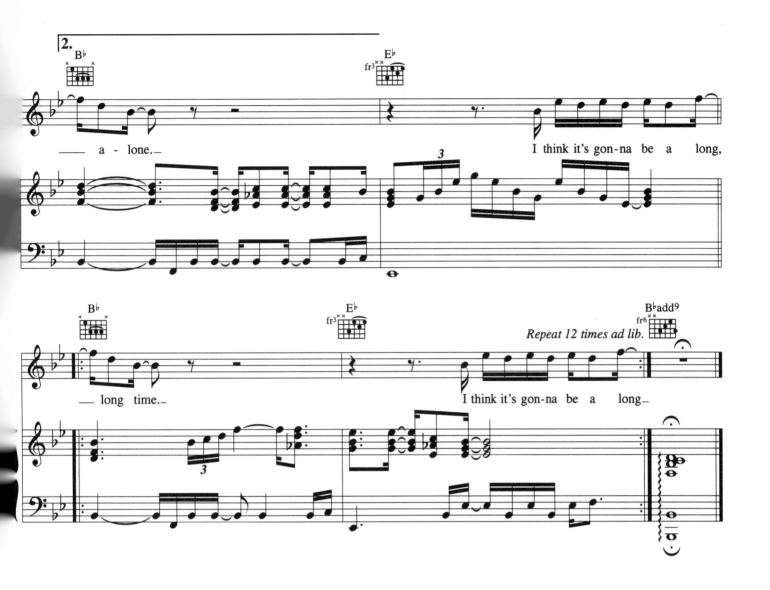

Verse 2:

Mars ain't the kind of place to raise your kids
In fact it's cold as hell
And there's no one there to raise them if you did
And all this science I don't understand
It's just my job five days a week
A rocket man, oh rocket man.

And I think it's gonna be a long long time *etc.*

# Daniel

## Words & Music by Elton John & Bernie Taupin

Moderately bright

*mf*

1.4. Dan - iel is trav - 'ling to - night ___ on a plane ___
2. They say Spain is pret - ty 'though I've nev - er been ___
*3. Instrumental ad lib. at 1st D.S. (small notes)*

I can see the red ___ tail - lights ___
Well Dan - iel says ___ it's the best ___ place he's

Oh _____ Dan-iel ____ my broth-er ____ you are old-er ____ than me; ____ do you ____ still feel the pain ____ Of the scars ____ that ____ won't heal? ____ Your eyes ____ have ____ died _____ But you see more ____ than ____ I ____ Dan - iel you're a star In the face ____ of the sky ____

# Crocodile Rock

## Words & Music by Elton John & Bernie Taupin

Light-hearted rock

1,3. I re - mem - ber when rock was young
(2) ___ went by ___ and

rock just ___ died Su - sie went and left us for some for - eign guy. ___
Me and Su - sie had so much fun ___ Hold-ing hands
Long.

2. But the years

3. I re-mem-

Repeat and fade

29

# Sacrifice

**Words & Music by Elton John & Bernie Taupin**

in - to the boun - dary_ of each_ mar-ried mind__
We lose_ dir - ec - tion__ No stone un - turned__

Sweet de-ceit comes a call - in'_____ and neg-a - ti - vi -ty lands__
No tears_ to damn_____ you_____ When jea-lou-sy burns__

cold cold heart___ hard done by_ you__

some things look bet - ter_____ ba - by_____ just pass - ing__ through

# Can You Feel The Love Tonight

**Words by Tim Rice**
**Music by Elton John**

# Your Song

### Words & Music by Elton John & Bernie Taupin

I'm don't _ have much mon-ey, _____ but, boy, if I did, _____
know __ it's not much but it's __ the best I can do, _____
But the sun's been quite kind _____ while I wrote this song, _____
An - y - way __ the thing _____ is what I real-ly mean, _____

I'd buy __ a big house where _____ we both could live.
My gift is my song and _____ keep it _ turned on.
It's for peo-ple like you, that _____ keep it _ turned on.
Yours are the sweet-est eyes _____ I've ev - er seen __

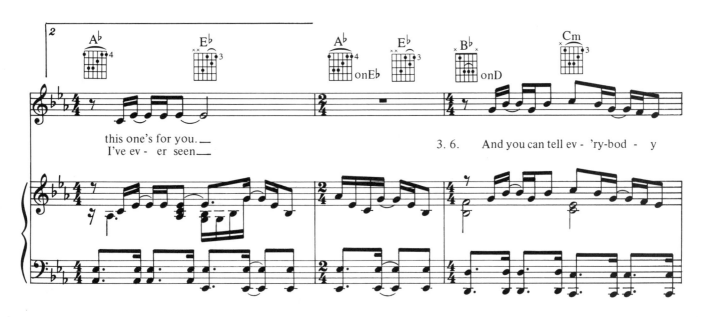

this one's for you. __
I've ev - er seen __

3. 6. And you can tell ev - 'ry-bod - y

CODA

7.8. I hope you don't mind, ___ I hope you don't mind ___ that I put ___ down in ___ words, How

won - der - ful life is ___ while you're ___ in ___ the world. ___

you're ___ in ___ the world. ___

# Bennie And The Jets

Words & Music by Elton John & Bernie Taupin

1. Hey kids shake it loose to-geth-er the spot-
2. Hey kids plug in-to the faith-less may-

- lights hit-ting some-thing that's been known to change the wea-ther    We'll kill the fat-ted calf ___ to-night ___ so stick a-round
- be they're blind-ed    but Ben-nie makes them age-less    We shall sur-vive ___ let us ___ take our-selves a-

- long ___    You're gon-na hear e-lec-tric mus-ic sol-id walls of sound ___
Where we fight our par-ents out in the streets ___ to find who's right and who's wrong ___

# Sad Songs (Say So Much)

Words & Music by Elton John & Bernie Taupin

rough spots ___ is the hard-est part when mem-o-ries re-main.
word makes sense,___ then it's ea-si-er to have those songs a-round.

And it's times ___ like these ___ when we all ___ need ___ to hear ___ the ra-
The kick in-side ___ is in ___ the ___ line ___ that fi-nal-ly gets ___

-di-o, ___ 'Cause from the lips ___ of ___ some ___ old sing-
-to you. ___ And it feels so good to hurt so bad ___

-er we can share the troub-les we al-read-y know.
and suf-fer just e-nough to sing ___ the blues. ___

46

# Candle In The Wind

## Words & Music by Elton John & Bernie Taupin

1. Good-bye Nor - ma Jean ____ though I nev - er knew you at all ____
2. Lone - li - ness ____ was tough ____ the tough-est role you ev - er played Hol - ly

____ you had ____ the grace to hold your - self ____ while those a - round ____ you crawled
-wood cre - at - ed a ____ su - per star ____ and pain was the price you paid

They crawled out of the wood-work ____ and they whis-pered
ev - en when you died ____ Oh the

into \_\_\_ your brain \_\_\_ they set you on a tread-mill \_\_\_\_ and they
press still hound-ed you _____ all the pa - pers had \_\_\_ to say \_\_\_ was that

made you change \_\_\_ your name \_\_\_
Mar - i - lyn was found in the nude \_\_\_
And it seems to me you

lived your life \_\_\_\_\_ like a can - dle in \_\_\_ the wind _____ Nev - er

know - ing \_\_\_ who to cling \_\_\_ to _____ when the rain \_\_\_ set in \_\_\_

51

And I would have liked ___ to have known ___ you but ___ I was just ___ a kid ___ Your can-dle had burned ___ out long ___ be - fore ___ your leg - end ev - er did _____

52

# Saturday Night's Alright (For Fighting)

Words & Music by Elton John & Bernie Taupin

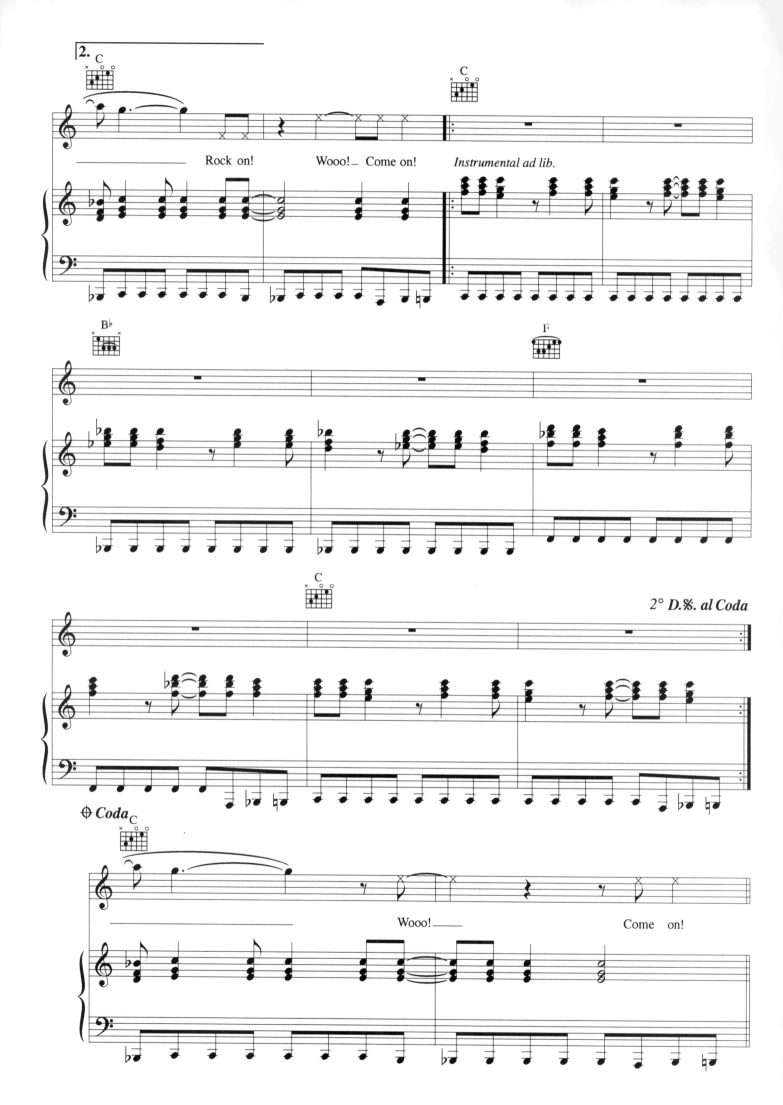

Rock on!     Wooo!— Come on!     *Instrumental ad lib.*

*2° D.%. al Coda*

⊕ *Coda*

Wooo!——             Come   on!

*Verse 2:*
Well they're packed pretty tight in here tonight
I'm looking for a dolly who'll see me right
I may use a little muscle to get what I need
I may sink a little drink and shout out "She's with me!"
A couple of the sounds that I really like
Are the sounds of a switchblade and a motorbike
I'm a juvenile product of the working class
Whose best friend floats in the bottom of a glass.

Don't give us *etc.*

# The Bitch Is Back

Words & Music by Elton John & Bernie Taupin

your eye.        Times  are  chang - in' now the   poor get___ fat___   but the

fev - er's gon - na  catch you when the    bitch gets    back._____

Eat  meat  on   Fri  -  day  that's___  al - right,___    I   ev - en  like___ steak on a

full of nas-ty ha-bits when the bitch is back.— I'm a

Bitch, bitch, the bitch is— back.

Bitch, bitch,

the bitch is— back.

*Repeat to fade*

# Don't Let The Sun Go Down On Me

Words & Music by Elton John & Bernie Taupin

# I'm Still Standing

Words & Music by Elton John & Bernie Taupin

*Repeat to fade*

*Verse 2:*
Did you think this fool could never win
Well, look at me I'm coming back again
I got a taste of love in a simple way
And if you need to know
While I'm still standin'
You just face away.

Don't you know *etc.*

*Verse3:*
Once I never could hope to win
You starting down the road
Leaving me again. The threats
You made were meant to cut me down
And if your love was just a circus
You'd be a clown by now.

Don't you know *etc.*

# I Guess That's Why They Call It The Blues

Words & Music by Elton John, Bernie Taupin & Davey Johnstone

1. Don't wish it a - way, don't look at it___ like it's for -
*(Verse 2 see block lyric, 3° Instru. till \*)*

*Verse 2:*
Just stare into space
Picture my face in your hands
Live for each second without hesitation
And never forget I'm your man
Wait on me girl
Cry in the night if it helps
But more than ever I simply love you
More than I love life itself.

And I guess that's why *etc.*

Music arranged by Derek Jones.
Music engraved by Paul Ewers Music Design.

Printed in the United Kingdom by
Caligraving Limited, Thetford, Norfolk.

# elton john - one night only
## the greatest hits

AM970882 -   2/02 (42951)